中国儿童核心素养培养计划

课后半小时 小学生阶段阅读

文化基础 ✖ 自主发展 ✖ 社会参与

科学思维

课后半小时编辑组 ■ 编著

撬起地球的力量

007

北京理工大学出版社
BEIJING INSTITUTE OF TECHNOLOGY PRESS

第 1 天 万能数学 〈数学思维〉
第 2 天 地理世界 〈观察能力　地理基础〉
第 3 天 物理现象 〈观察能力　物理基础〉
第 4 天 神奇生物 〈观察能力　生物基础〉
第 5 天 奇妙化学 〈理解能力　想象能力
　　　　　　　化学基础〉

第 6 天 寻找科学 〈观察能力　探究能力〉
第 ❼ 天 科学思维 • 逻辑推理
第 8 天 科学实践 〈探究能力　逻辑推理〉
第 9 天 科学成果 〈探究能力　批判思维〉
第 10 天 科学态度 〈批判思维〉

文化基础　　　　　科学基础　　　　　　　　　　科学精神　　　　　人文底蕴

核心素养之旅
Journey of Core Literacy

　　中国学生发展核心素养，指的是学生应具备
的，能够适应终身发展和社会发展的必备品格和
关键能力。简单来说，它是可以武装你的铠甲、
是可以助力你成长的利器。有了它，再多的坎坷
你都可以跨过，然后一路登上最高的山巅。怎么样，
你准备好开启你的核心素养之旅了吗？

第 11 天 美丽中国 〈传承能力〉
第 12 天 中国历史 〈人文情怀　传承能力〉
第 13 天 中国文化 〈传承能力〉
第 14 天 连接世界 〈人文情怀　国际视野〉
第 15 天 多彩世界 〈国际视野〉

第 16 天 探秘大脑 〈反思能力〉
第 17 天 高效学习 〈自主能力　规划能力〉
学会学习 •→ 第 18 天 学会观察 〈观察能力　反思能力〉
第 19 天 学会应用 〈自主能力〉
第 20 天 机器学习 〈信息意识〉

自主发展

第 21 天 认识自己 〈抗挫折能力　自信感〉
健康生活 •→ 第 22 天 社会交往 〈社交能力　情商力〉

社会参与　　　**责任担当**　　　**实践创新**　　　**总结复习**

第 26 天 生命密码 〈创新实践〉
第 27 天 生物技术 〈创新实践〉
第 31 天 概念之书
第 28 天 世纪能源 〈创新实践〉
第 23 天 国防科技 〈民族自信〉
第 24 天 中国力量 〈民族自信〉
第 29 天 空天梦想 〈创新实践〉
第 25 天 保护地球 〈责任感　反思能力
　　　　　　　国际视野〉
第 30 天 工程思维 〈创新实践〉

卷首

Finding　发现生活

Exploration 上下求索

Column　青出于蓝

Thinking　行成于思

用科学
撬起地球

你可能曾经听说过一句话："给我一个支点，我就能撬起整个地球！"这句话出自著名科学家阿基米德之口。这句话的口气之大，听起来完全像是在吹牛，科学真有那么厉害吗？在解答这个问题之前，我先给你讲一些其他事吧！

在我还像你这么大的时候，我还没有见过手机，那时候，人们也不习惯在网络上聊天，谁想聊天，就只能直接去别人家里。后来我家装上了电话——那是一种叫座机的东西，它需要连接电线和网线，电线保证它有电，可以使用，网线将它与其他座机连接在一起。因为需要持续连接电线和网线，所以电话是不能随意移动的，更不能随时带在身边。好在科学技术的进步非常快，没多久，真正的移动电话也普及到了我家，它摆脱了线的束缚，实现了无线通话，但它的个头很大，依然不方便携带。再后来，我先后经历了小灵通、按键手机、智能手机的时代，眼看着手机的体积逐渐减小，屏幕越来越大，功能越来越多。如今，智能手机已经普及，这些手机可以随时随地连接无线网，具有非常多的功能。人们不仅可以用手机聊天，还可以用手机购物、打车、买票、传送文件、工作、打游戏……不过，实话实说，现代人有点太依赖手机了——常年低头盯着手机导致颈椎病越来越普遍，碎片化接收信息的方式彻底改变了人们的阅读习惯……我承认，手机的正面

作用和负面作用都分别够我啰嗦一天的！

言归正传，我给你讲这些事的意思是，你瞧，短短几十年时间，手机、网络的普及就彻底改变了人们的生活！我已经不记得自己有多久没去商场买过衣服了，也不记得多久没有只为了聊天而去朋友家做客了，毕竟这些事都可以舒服地坐在家里的沙发上，用小小的手机来完成！细数这些年电话的变化，我可以用天翻地覆来形容，而这些都是科学发展带来的！

现在我们再回到一开始的问题，科学真有那么厉害吗？我可以负责任地说，是的，科学真的那么厉害。事实上，当年说出那句话的阿基米德也不是随便说的。他提出了著名的杠杆原理——只要支点（起支撑作用的点）、施力点（施加力量的点）和受力点（承受力量的点）都处于合适的位置上，一个人就可以撬起数倍重于他本人的事物！当然了，现有的科技手段还没能在宇宙中找到合适的支点，但随着科学的发展，总会找到的（如果有科学家愿意找的话）！

张新生
中国铁路工程总公司教授级高级工程师

只看天空，不看脚下

科学的发展是一代代科学家们接连不断努力的成果，而人们公认的第一位科学家是泰勒斯。

某天夜晚，泰勒斯正行走于旷野间，他抬头专注地仰望星空，结果不小心一脚踩空，跌到了面前的坑里。附近的一位女奴在听到声响后赶去救人，不料泰勒斯起身后说的第一句话竟是："明天会下雨。"原来他是着迷于研究天上的事情，因而忽略了脚下。

女奴认为，泰勒斯只知道天上的事情，却不知道脚下发生的事，纵然"智者千虑"，也难免"足下一失"，但反过来说，那些永远躺在坑里，从来想不到仰望高空的人，才不会掉进坑里呢。

本文撰稿人：皖克

想一想

从这两个故事里，
你看到了什么？

不要破坏我的 圆 ！

本文撰稿人：硫克

公元前 212 年，叙拉古的人民处于万分悲痛的状态，不仅悲痛于叙拉古被罗马人占领，而且悲痛于阿基米德的逝世！勤勉的阿基米德直到生命的最后一刻都保持着作为科学家的尊严——他在计算，他写画了满院子的公式和几何图形，最终却死于一个无知的士兵之手。

这名士兵不懂科学，不能明白阿基米德的个人价值，他肆意地踩踏在那些公式和图形上，在阿基米德"不要破坏我的圆"的高喊声中，挥动了手中的剑。

所幸罗马军队的统帅马塞拉斯懂得阿基米德的价值，我们有理由相信，如果阿基米德最后见到的是马塞拉斯，可能不会就这样丧命。马塞拉斯处决了那名士兵，并遵守了阿基米德的遗愿，将他没有画完的那个圆柱内切球刻在了他的墓碑上。

阿基米德面对死亡毫无惧色，而且一生坚持对科学的初心，这份无畏和执着，甚至换来了来自敌人的尊敬。

从理性思考开始

撰文：硫克
美术：贺俊丹

当你打开这本书的时候，你有没有想过，
这本书是怎么来的？文字为什么会跑到纸上？
树木为什么会变成纸？
一粒小小的种子为什么可以长成参天大树？
当你试图回答这些问题时，
恭喜你，你已经迈出了成为科学家的第一步——理性思考。

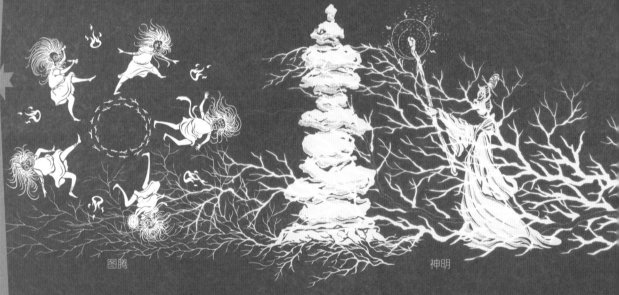

图腾　　　　　　　　　　　　　　　神明

在人类刚刚出现的年代，还没有可以称之为科学的事物。随着人类的进化，人们学会了用火，学会了耕作农田和圈养家畜，但是对大自然的各种现象还都不太了解，看到闪电可能还以为是天神在打喷嚏。对于那些不知道背后原理的现象，人们将其产生的原因归结到动物身上：别看这些动物不会说话，也许它们正静悄悄地观察着我们呢！越来越多的人开始相信动物拥有神秘的力量，并且将它们的形象艺术化，图腾便逐渐形成了。

就像相信图腾拥有神秘的力量一样，曾经的人们相信神明也掌握着巨大的力量。当人们遭遇可怕的灾难时，会向神明祈求庇护和拯救。当人们渡过灾难之后，更加坚信是看不见的神明帮助了他们。

巫师

泰勒斯

　　为了能够更好地和神明（以及其他神秘力量）交流，那些声称自己与其他人不同的巫师出现了。在需要的时候，他们通常会一边念念有词，一边手舞足蹈地施展巫术。

　　有些巫师就是纯粹的骗子，但也有些巫师可以配出药水治疗病人，可惜他们自己也不一定明白那些药水为什么可以治病。

　　直到有人提出问题，并且试图用超自然之外的方式回答它，科学才有了诞生的可能。

　　古希腊有一位喜欢观测星空的名叫泰勒斯的老先生，他提出了一个问题："世界由什么组成？"最重要的是，他拒绝用图腾、巫术等"超自然"的说辞来回答，而是根据自己平时的观察经验和理性思考来解释问题。科学就这样诞生了。

古代人的天象记录

撰文：王鑫

不仅西方的泰勒斯喜欢观测星空，
古代的中国人也很喜欢盯着日月星辰看，
甚至还设置了一些专门观测天象的官职和机构。
一起来看看他们都观测到了什么吧！

假如你穿越回古代的某一时间，正赶上一件奇怪的事。刚刚还是青天白日，转眼太阳就被一团黑乎乎的东西一点点地挡住。天色马上就变暗了，满城人纷纷跑出来，敲锣打鼓放鞭炮，个个神色慌张地喊着"天狗食日""赶走天狗"……原来，他们认为太阳被"天狗"吃掉了，要把它驱赶走。不仅如此，这只天狗有时晚上还会跑出来吃月亮。

是不是觉得这很荒唐？那不过是发生了日食而已。可古人并不知道这些现象是怎么发生的，可贵的是古人把它们一一记录下来，供后人研究。我们把几千年来古人记录的重要天象作了个总结。今天的你，对这些天象一定比古人懂得更多。

日食

日食，又叫日蚀，是因为月球运行到太阳和地球中间，三者处于一条直线时，月球挡住了太阳射向地球的光，月球的黑影落在地球上，发生日食现象。

日偏食
太阳光的一部分被月球遮住。

日环食
太阳的中心部分被月球遮住，边缘仍然明亮，形成光环。

日全食
日食的一种，能看到太阳光被月球全部遮住。

月偏食
月球的一部分进入地球的阴影，就会看到月亮像缺了一块。

月全食
月亮全部进入地球的阴影。

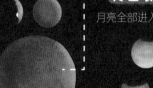

月食

月食是月球运行到地球的阴影中，太阳、地球月球三者处于一条直线，射向月球的光被地球挡住，就会发生月食现象。

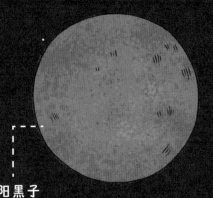

太阳黑子

太阳的表面有一些暗的区域，看上去像一块一块的黑点，就是太阳黑子。

流星

经常在夜空中，划过天空的明亮天体。

彗星

拖着长长的尾巴在天空中运行。

新星爆发

偶然出现在天空中的明亮的星星。

北斗七星

北斗七星是天空中的七颗星星，它们一起组成一个勺子形状。

北极星

天空中最靠近北天极的一颗星，所以看起来一直在北方保持不变。

● 秘密日记

可别搞错了，古代人只是记录了现象，这些知识是我为了方便你理解才加上去的！其实古人搞不清这些天象背后的真实原理，反而把它们当作一些好事或坏事的预兆，这是没有根据的，正是后人保持着理性思考才打破了曾经的误解，让人们对世界的认识更进一步！我也需要你时刻谨记，保持理性思考是开启科学探索的第一步。

观察你的四周

撰文：硫克

对于现代人来说，观测天象或星球往往需要昂贵的设备，如果你暂时还没有这些设备，也不用难过，就像我一直在强调的一样，日常生活中其实隐藏了很多科学知识！来看看我最近从朋友那里听到的故事吧！

i 主编有话说

这就是瓦特改良后的蒸汽机哦！

杠杆
等臂杠杆的动力臂和阻力臂相等，既不省力，也不费力。

锅炉
水被加热之后就能产生蒸汽。

火
燃烧可以产生热能。

活塞
活塞运动可以带动上面的木杆运动，进而引起杠杆运动。

气缸
蒸汽推动活塞运动，在这里，热能转换成了机械能。

把冷凝器单独分离出来，减少了热量损失，是瓦特对蒸汽机的重点改良之一。

冷凝器
通过排出冷水迅速降温，使蒸汽冷却液化成水。

有传言称，能工巧匠瓦特能够改良蒸汽机与茶壶有很大关系。传言内容如下：瓦特小时候看到火炉上有一壶水刚刚烧开，他发现，此时茶壶的盖子在不停地跳动，周围还冒出水蒸气，由此，小瓦特得到启发，想到利用蒸汽的力量做动力，并在日后发明了蒸汽机。

也有人说，这件事是假的。不过这不重要，重要的是，茶壶里确实隐藏着与蒸汽相关的科学知识！如果你是个善于观察和思考的孩子，沿着这条线索研究下去，真的有可能取得成就！至于我为什么这么说，你学习一下蒸汽机的原理就知道了。

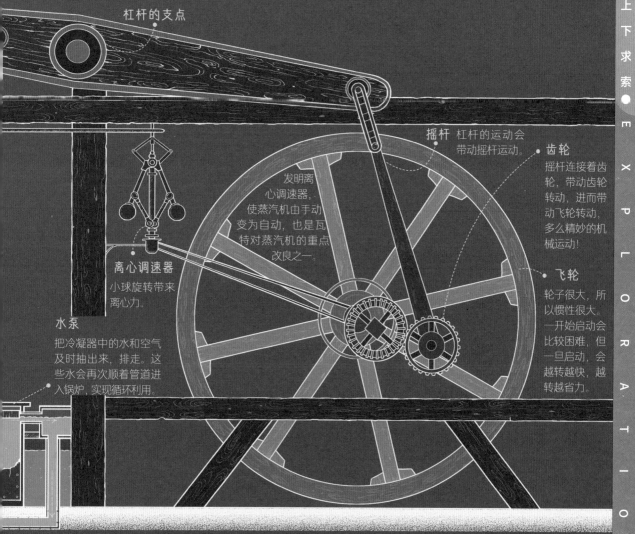

杠杆的支点

发明离心调速器，使蒸汽机由手动变为自动，也是瓦特对蒸汽机的重点改良之一。

离心调速器
小球旋转带来离心力。

水泵
把冷凝器中的水和空气及时抽出来，排走。这些水会再次顺着管道进入锅炉，实现循环利用。

摇杆 杠杆的运动会带动摇杆运动。

齿轮
摇杆连接着齿轮，带动齿轮转动，进而带动飞轮转动，多么精妙的机械运动！

飞轮
轮子很大，所以惯性很大。一开始启动会比较困难，但一旦启动，会越转越快，越转越省力。

奇妙的微观世界

撰文：硫克
美术：贺俊丹

如果你对那些机械工程类的知识不感兴趣，别着急放弃，我们身边的微生物"精灵"们也是不错的观察对象哦！微生物就是那些微小到用肉眼看不到的生物，关于它们的发现，也有一个有意思的故事。

17 世纪，荷兰有一位名叫列文虎克的透镜制作者，他凭着自己的勤奋和独特的才干，制造出了当时世界上最好的显微镜，可以将物体放大将近 300 倍！

不过，磨制透镜并不是终点，而是列文虎克观察之旅的起点。与我们印象中的科学家不同，列文虎克没有立即去观察动物和植物，而是开始观察自己的日常生活，比如，他经常拿着显微镜观察光。

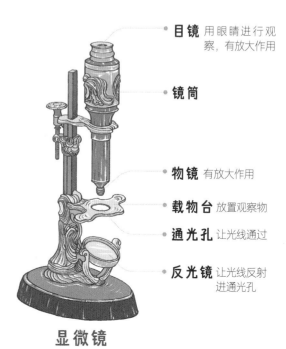

▶随手小记

什么是显微镜？

显微镜是由一个或几个透镜组合在一起制成的光学仪器，可以将微小的物体放大成百上千倍。

虽然对着光没有观察出什么，但列文虎克的好奇心依旧旺盛，他开始观察水滴——这次还真让他观察到了不得了的东西！列文虎克观察到了微生物！他曾这样描述："它们小得不可思议，如此之小……即使把一百个这些小东西撑开摆在一起，也不会超过一颗粗沙子的长度……"

就这样，列文虎克彻底打开了微观世界的大门，为后来人们对于微生物的研究奠定了基础。就是这件事让我明白了观察生活的重要性，而我现在把它转述给你，想提醒你保持好奇心，保持对生活的观察。

目镜 用眼睛进行观察，有放大作用

镜筒

物镜 有放大作用

载物台 放置观察物

通光孔 让光线通过

反光镜 让光线反射进通光孔

显微镜

保持好奇心，提出问题！

撰文：硫克

想象一下，如果在你看到苹果落地的时候，产生了"为什么苹果会落到地上，而不是飞到天上"的疑问，然后努力研究，发现万有引力定律的人就有可能是你！

关于保持好奇心的科学家故事，最出名的莫过于牛顿被苹果砸到头，继而发现万有引力的故事了。这件事听起来既有趣，又振奋人心，但是很遗憾，我必须告诉你，这件事是假的。

瓦特没有从被蒸汽顶开的茶壶盖上获得启示，牛顿也没有被苹果砸过脑袋，但同样不可否认的是，"苹果会落到地上，而不是飞到天上"这件事，确实是牛顿发现的物理定律——万有引力定律在日常生活中的一种表现。

没有了重力，你就会像我一样飘在空中，这就叫失重。

我们之所以能站在地球上，是因为地球对我们的引力，我们将这种引力称为重力。

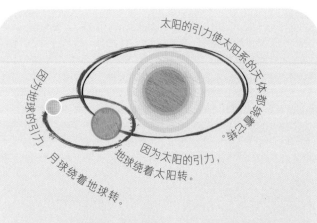

太阳的引力使太阳系的天体都绕着它转。

因为地球的引力，月球绕着地球转。

因为太阳的引力，地球绕着太阳转。

万有引力定律指的是任何有质量的两个物体之间都存在相互吸引的力，这个力叫作引力，质量越大，引力越大；距离越近，引力越大。

星球的形成也得益于万有引力。宇宙中的微小物质因为引力聚集在一起，经过上亿年的演变，最终形成了大大小小的星球，地球也是这么形成的。

除此之外，牛顿还有其他杰出的成就，
比如大名鼎鼎的牛顿运动定律：
牛顿第一运动定律、牛顿第二运动定律和牛顿第三运动定律。

牛顿第一运动定律

▶ 生活中的任何物体，在没有受到力的作用时，只能保持两种状态：一种是不停地做匀速直线运动；

我现在的速度是每秒三米，只要没人碰我，我将一直按照这个速度跑下去！

▶ 一种是完全的静止。

我现在是静止状态，只要没人碰我，我将一直保持静止！

▶ 但是，一旦被外力干扰……原来的运动状态就会改变。

我动起来了！　　我停下了！

牛顿第二运动定律

▶ 对于质量不同的两个物体来说，受到相同的作用力之后，质量更小的那个得到的加速度更大。

▶ 加速度可以改变物体运动的速度，加速度的方向跟物体运动的方向相同时，会加快物体运动的速度；相反时，会降低物体运动的速度。在牛顿第二定律中，加速度的方向跟作用力的方向相同。

▶ 对于质量相同的两个物体来说，在受到的作用力不相同的情况下，受到的作用力越大的那个，得到的加速度也就越大。

哈哈，我力气大！

牛顿第三运动定律

▶ 力的作用是相互的。

▶ 当你对一个物体用力时，其实对方也会对你产生反作用力。

▶ 作用力和反作用力的方向相反、大小相等，并且在同一条直线上。

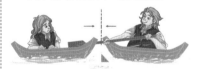

▶ 所以说，你在打别人的同时，别人也在"打"你。

编辑姐姐，您好！

　　我是乐乐，看了您的书本之后很受鼓舞，决定起身去观察身边的事物，也许我会有什么了不起的发现呢！

　　今天我观察了我家的花园，里面种了好多花：月季、丁香，还有好多我叫不上名字的漂亮植物。我最喜欢花园里的那株玉兰树，因为玉兰花实在是太漂亮了！让我想想……它们就像……就像是一个个白色小酒杯挂在树上，真希望您也能看见！

　　可是与此同时，我发现了一件很奇怪的事，花园里的其他花，不管是红的、黄的、粉的，还是五颜六色的，全都有叶子，唯独玉兰花没有叶子，我想了很久也没有想明白，玉兰花难道不觉得孤单吗？

　　要是您能解开我的疑惑就好了。

喜欢玉兰的乐乐

观察身边的植物：
玉兰花为什么没有叶子？

撰文：韩路弯 刘彦朋

只要一直保持观察和提问的习惯，你会发现，这个世界上有很多需要解答的问题。

　　瞧，只要愿意观察，我们身边到处都隐藏着知识！

　　玉兰是会长叶子的，只是会晚一些，它是一种先开花后长叶的植物。因为玉兰花的叶芽比花芽喜欢的温度更高，所以春天开花的玉兰，要到天气更暖和之后才会长出叶片。

　　那么，玉兰花还有什么不为人知的秘密呢？不妨试着观察一下吧！

会"荡秋千"的种子

玉兰果实成熟以后，果皮裂开，包裹在里面的种子就会露出来。这时，鸟儿会来觅食，顺便帮助玉兰传播种子。

玉兰的种子可聪明了，为了吸引鸟儿的注意，它们可不会让自己掉落到地上，而是会用一根长长的丝将自己和果蒂牢牢地连在一起，等着鸟儿来吃。鸟儿吃了种子，拉便便的时候会把种子排出来，也就间接地帮助玉兰传播种子了。如果有风吹过来，吊着丝线的种子就会晃晃悠悠地荡起秋千。

我的玉兰观察笔记

撰文：韩路弯 刘彦朋

这是我做的玉兰观察笔记，希望你可以学到更多知识！或许，你也可以学着我做一份观察笔记。

"十月怀胎"的玉兰花苞

秋天的玉兰树上，除了果实之外，还能看到一些毛茸茸的像毛笔头一样的花苞，这些花苞可不是在秋天绽放的，它们会静静地待在枝头，一直到第二年春天来临。所以，每年春天，我们看到的玉兰花苞已经历了"十月怀胎"，才孕育出了美丽的花朵。

千姿百态的玉兰果实

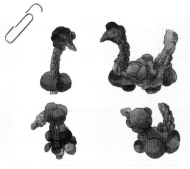

夏秋季节，玉兰的枝叶间会挂着一大束一大束粉色的果实，果实会长成奇特的形状，有时会像小动物，有的像小狗，有的像小鸡……多么神奇的大自然！

玉兰全身都是宝

玉兰是插花的优良材料。玉兰的花瓣中含有芳香油，是提取香精的原料，另外，花瓣可食用，香甜可口。种子可榨油，木材可供雕刻用。

想要更高效地获得更多知识，发散式联想是必不可少的，你瞧，我就从玉兰的种子开始联想，想到了种子有各种不同的传播方式！

为了能顺利繁殖后代，种子的传播至关重要。在这件事上，种子们都拿出了自己的"看家本领"，给出了不同的传播方案。

发散式联想：
从玉兰花到植物种子

撰文：硫克
美术：王婉静 等

思考是没有止境、没有尽头的，现在的我们坐拥前人的科学技术成果，就是"站在巨人的肩膀上"，这可以使我们思考那些更加难懂、深奥的东西。还记得瓦特改良了蒸汽机吗？这种蒸汽机一开始是没有理论基础的，但后来的科学家们通过研究瓦特的蒸汽机，逐渐揭示了一个难懂但十分重要的能量世界。

思考无止境

撰文：硫克

利用蒸汽受热膨胀的原理，气缸中的蒸汽可以推动活塞进行上下往复的运动，这时候，蒸汽中的热能就转换成了活塞运动的动能。这说明不同类型的能量是可以相互转化的，而具体多少热能可以转化为多少动能呢？英国物理学家焦耳在做了一系列实验后得出了一个计算公式，我们后来将其称为热功当量。

1847年，德国物理学家赫姆霍兹提出一个理论：自然作为一个整体，拥有的能量不可能增加，也不可能减少。将这个理论与热功当量结合之后，就形成了著名的热力学第一定律——热量可以从一个物体传递到另一个物体上，也可以与其他能量相互转换，但在转换的过程中，能量的总值是不会变的，也就是我们熟知的能量守恒定律。

撰文：硫克
美术：翁卫

一个问题，两个答案

现在你已经懂得了发散式联想和无止境地思考两种思考模式了，但这还不完整，还有一种很费脑力但十分好玩的思考方式——辩证地思考。你可能已经在课本上了解过进化论了，但是你知道吗，历史上不同的科学家曾提出了不同的进化论，而且它们之间的区别非常微妙。现在，你来看看从同一个问题进入，却从不同的答案走出是什么感觉吧！

在蒸汽机中，充满热量的蒸汽进入冷凝器后会迅速变冷，甚至冷却凝结成液体。在这个过程中，蒸汽的热量损失了，那么，为什么冷水中含有的少量热量没有传递给蒸汽，使蒸汽变得更热呢？实验证明这是不可能的，热不能自己从一个温度较低的物体转移到一个温度较高的物体，这就是著名的热力学第二定律。

法国博物学家拉马克曾提出一种进化观点：

1. 用进废退

拉马克认为，生物产生变异的原因在于生物本身的需要。一种生物如果经常使用身体上的某些构造，它们就会进化；总是不用，则会导致它们退化。比如长颈鹿为了吃到高处的树叶而不断伸长脖子，久而久之，长颈鹿的脖子就变长了。

2. 获得性遗传

脖子变长的长颈鹿可以将长脖子的特征遗传给自己的下一代，使后代都变成长脖子。

英国生物学家达尔文曾提出另一种进化观点：

1. 过度繁殖

达尔文认为，地球上的生物普遍具有很强的繁殖能力，在理想环境下，这些生物很快就会数量过剩。

2. 适者生存

由于繁殖过度，同一种生物，也要为了抢夺有限的资源而争斗，争斗中，那些因为环境而产生有利变异的生物将获得优势。比如长颈鹿中本来有脖子较长的，也有脖子较短的，脖子较长的长颈鹿可以吃到树木高处更加鲜嫩多汁的树叶，所以身体更强壮，更容易打败对手。获胜的长脖子长颈鹿赢得了繁殖后代的权利，就会把长脖子的特点遗传下去。这样一来，适应环境的生物生存下来，不适应者则被淘汰。

3. 自然选择

适者生存、不适者被淘汰，长此以往地进行下去，就是自然选择的结果。虽然"适者"的变异不一定是最好的，但一定是最适合当时环境的。

虽然我们大多支持达尔文的观点，但是把理解两种进化论的不同作为一种思维训练，可以很好地帮助你强化科学思维的能力哦！

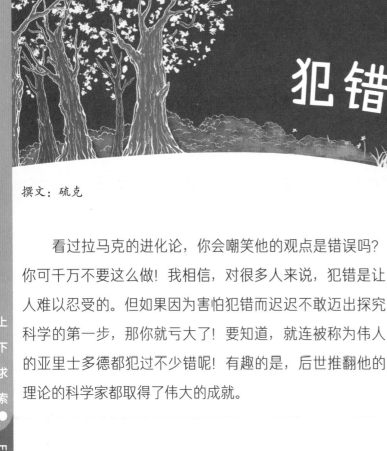

犯错不可怕

撰文：硫克

　　看过拉马克的进化论，你会嘲笑他的观点是错误吗？你可千万不要这么做！我相信，对很多人来说，犯错是让人难以忍受的。但如果因为害怕犯错而迟迟不敢迈出探究科学的第一步，那你就亏大了！要知道，就连被称为伟人的亚里士多德都犯过不少错呢！有趣的是，后世推翻他的理论的科学家都取得了伟大的成就。

三棱镜可以把阳光分解成七种颜色的光，雨后的水珠也可以把阳光折射和反射出彩虹！

亚里士多德认为纯净的光是白色的，我们平时之所以能见到各种颜色的光，是因为某种原因导致光发生了变化，变成了不纯净的光。真的是这样吗？
后世的牛顿通过把三棱镜放在阳光下，证实了光是五颜六色的。

亚里士多德在物理学上有个著名的观点：重量不同的两个物体，较重的下落较快。真的是这样吗？
后世的伽利略通过实验，推翻了这个观点。

亚里士多德为什么会犯错？

亚里士多德太过于相信经验。因为在很多人的印象中，重的物体会比轻的物体先落地，所以他根据自己的想法提出了这个观点。如果他肯用两个重量不同的球试一试，就会发现它们真的是一起落地的。我们要用理性思考，要细心观察，但也要注重实验。

质疑，然后证明

撰文：一喵师太
美术：Studio Yufo

在很长一段时间内，欧洲人都将亚里士多德作为"科学"的代名词，甚至坚信亚里士多德提出的理论都是正确的。但有个人不同，他不盲目信任亚里士多德，而是相信自己动手做实验得到的结果，这个人就是伽利略。也正因如此，伽利略成为近代实验科学的奠基人。

▶延伸知识

在我们的日常环境中，铁球会比羽毛先落地，这与空气阻力有关，但在真空环境中，它们会同时落地。

①传说在四百多年前，意大利科学家伽利略在比萨斜塔上把一大一小两个铁球同时抛了下去。

②古希腊科学家亚里士多德认为"重的东西落地快，轻的东西落地慢"。在之后的近两千年中，很多人都把这句话奉为真理。

③年轻的伽利略却认为这句话是错误的，他和学者们辩论，却招来了学者们的批评。可伽利略的实验结果却证明，大铁球和小铁球是同时落地的。

铁球比羽毛重，所以铁球先落地。

嗯……？

就是我先落地！就是我先落地！

同时

不应该是我先吗？

不应该是我先吗？

伽利略

亚里士多德

伽利略

高空抛物危险，请勿模仿

眼见为实，耳听为虚

撰文：硫克

在人类探索世界的道路上，总是逃不开从错误认识到正确认识的转变。很久以前，人们看着远处的地平线，以为地球是平的，由此得出了"地平说"的理论。但是后来，人们的航海技术有了长足的发展，一个又一个杰出的航海家开始远距离航行，他们也分别取得了不同的成就。人们通过麦哲伦的环球航行，也终于知道了地球是圆的。

这些航海家虽然不是科学家，但是他们具有与科学家相同的毅力和探索力。

克里斯托弗·哥伦布

性　　别	男
生卒年	1451—1506
国　　籍	意大利
主要成就	发现新大陆

费迪南·麦哲伦

性　　别	男
生卒年	1480—1521
国　　籍	葡萄牙
主要成就	率领船队首次完成了环球航行

达·伽马

性　　别	男
生卒年	1469—1524
国　　籍	葡萄牙
主要成就	开拓了从欧洲绕过好望角到达印度的航线

他们的行动告诉我们，很多时候不要过于相信听来的理论，想要知道事情的真相，还是自己亲眼去看看，亲自去探究吧！

专访——
失败是成功之母

撰文：硫克

失败和犯错一样，都可能阻挡你踏上科学研究的道路。所以，我找到了这份 1879 年有关爱迪生的专访，希望他无数次制作电灯失败的经历可以给你一些启发。

  美国发明家托马斯·阿尔瓦·爱迪生于 1879 年 10 月发明了一种新电器，叫电灯。电灯通电之后，可以替代以往使用的油灯和蜡烛，实现在夜里照明的效果。可以预见，未来电灯将会进入千家万户，成为人们日常照明的首选。除此之外，爱迪生还发明了留声机和印刷机等，是个十足的大发明家。本报有幸对爱迪生进行了专访。

记者 爱迪生先生，请问您的第一个发明是什么？

爱迪生 是一个投票计数器，可以自动记录投票数量。

记者 这个……我好像没有见过。

爱迪生 嗯，因为没有人用。当年我发明它的时候，认为它可以加快国会的投票工作，但有人告诉我，慢慢投票也是一种政治需要，他们并不需要投票计数器。

记者 既然是您的第一个发明，就这样被否定了，想必对您有一定的影响吧？

爱迪生 是啊，从那以后我就下定决心，不发明没用的东西。

记者 这也是您成功的关键啊，您发明的东西总是能够物尽其用。

爱迪生 谢谢。我有信心，电灯在不久的将来就会被广泛应用。

记者 您是从什么时候开始着手研究电灯的呢？

爱迪生 一年前吧。

记者 您只用了一年时间就研制成功了？这可真是令人惊讶！

爱迪生 这一年可不好过啊！虽然只花了一年时间，但只是灯丝的选择，我就试用了超过 1500 种材料。

记者 最后您选择了什么材料做灯丝呢？

爱迪生 我选择了碳化棉丝，能连续使用两天两夜。

记者 这听起来很让人惊叹，不过只能使用两天的电灯可不太方便啊，每隔两天就得换一下……

爱迪生 是的，所以我已经安排人手在世界各地寻找其他材料了，相信很快就能找到更好的。

记者 您这么年轻就取得了如此了不起的成就，在公众眼里就是一个天才，我也相信您很快就能找到更好的材料。

爱迪生 哈哈，我可不是天才。我小时候一度被老师们认为智商低下呢。

记者 啊？

爱迪生 因为我从小就喜欢刨根问底，比如 1+1 为什么等于 2。所以我只用了三个月时间，就被老师认为智商太低而被赶出学校了。

记者 那您是如何取得现今的成就的呢？

爱迪生 这首先要感谢我的母亲，在我被赶出学校后，我母亲开始亲自教我，并把我教得很好。当然，还要感谢我自己，就像发明一个电灯需要试验上千种材料一样，成为你们所说的天才，需要的是 1% 的灵感和背后那 99% 的汗水。

难吗？
难就对了！

撰文：豆豆菲
美术：Studio Yufo

这本书读到这里，你是不是感到有点心累呢？探究科学需要有这么多条条框框、这么复杂的思考过程、这么多不可预见的失败的可能。是的，探究科学太难了，但也正因为难，这件事的意义甚至超过了探究科学本身。

可就是要做那些难做的事情啊！

比如离开地球去探索天空和外太空是件很难的事情，可如果永远不去探索，宇宙就一直是个遥远的谜。

南极探险也是很难的事情，可正是因为人们的不懈努力，才逐渐揭开了冰川世界的神秘面纱。

上下求索 EXPLORATION

坚持不懈 追根溯源

撰文：硫克

其实，只要你确定了自己探究的方向，坚持不懈地探究下去，终究会有所发现！中国科学家屠呦呦的故事恰好说明了这一点。

疟疾是一种古老的疾病，人们一度对这种疾病束手无策。17 世纪末开始，人们逐渐发现并提取了奎宁、氯喹等药物，一度打败了疟疾。可是，长时间使用氯喹等药物，使疟疾的致病源——疟原虫产生了抗药性，甚至出现了氯喹不能治愈的恶性疟疾……

万幸的是，中国的药学家——屠呦呦加入了抗疟药研究课题组。她在中国中医研究院工作，从中草药入手开展研究。屠呦呦团队从东晋时期葛洪所著的《肘后备急方》中，用青蒿入药的相关记载里受到了启发，于

1972 年成功提取出青蒿素。一年后，屠呦呦又合成了药效更强的双氢青蒿素。人类终于再次打败了疟疾。屠呦呦也因此获得 2015 年的诺贝尔生理学或医学奖，这是中国科学家首次因在中国本土进行的科学研究而获得的诺贝尔奖，也是中国医学界迄今为止获得的最高奖项。

别急，事情还没结束。随着青蒿素的投入使用，部分地区和国家的疟原虫初步表现出了对青蒿素的抗药性，科学家们十分担心。屠呦呦认为，想要解决这个难题，就要从根源入手，搞清楚青蒿素作用的原理。联合

国一直大力推广青蒿素联合疗法，采用青蒿素化合物扎辅助药物搭配使用的方式。屠呦呦团队发现，通过改变治疗周期、延长治疗时间，并且及时更换产生抗药性的辅助药物，就可以有效解决抗药性的问题。

曾经，因为没有博士学位、没有留洋背景和院士头衔，屠呦呦一度被媒体称为"三无"科学家；现在，屠呦呦凭借着自己的坚持不懈，拯救了全球数百万人的生命，成为公认的 21 世纪最伟大的科学家之一！

给世界的礼物

撰文：硫克

物理、化学奖章

生理或医学奖章

文学奖章

和平奖章

经济学奖章

探究科学是一件难事，但你获得的回报也会非常丰富，除了你研究出的科学成果之外，你还会收获思维和品质的成长。如果你的成就足够高，甚至可以获得当前世界范围内最权威的奖项——诺贝尔奖。

1895 年，炸药的发明者阿尔弗雷德·诺贝尔公布了自己的遗嘱，决定将自己的大部分遗产作为基金，将每年所得利息及相关收益分为五份，奖励给全世界在五个不同的领域取得杰出成就的人，这就是我们熟知的诺贝尔奖。可以说，这是诺贝尔献给科学的礼物，也是献给世界的礼物。

一开始，诺贝尔奖只涉及五个领域，分别是物理、化学、生理学或医学、文学以及和平。经过长时间的发展，现在的诺贝尔奖共设有六个奖项，分别是：诺贝尔物理学奖、诺贝尔化学奖、诺贝尔生理学或医学奖、诺贝尔文学奖、诺贝尔和平奖和诺贝尔经济学奖。其中，前五个奖项是诺贝尔在遗嘱中社设立的，最后的经济学奖是瑞典国家银行在 1968 年增加的奖项。

青出于蓝

于贵瑞院士

中国科学院地理科学与资源研究所研究员，生态学家，长期从事生态学与地理学交叉研究。获全国优秀科技工作者、全国创新争先奖、科学中国人年度人物、"李佩优秀教师奖"等多项荣誉。

要思考

探究科学的方法有很多，

但追究其根源，

都逃不开思考，

甚至科学的起源也是因为人们开始理性思考。

那么，对于现在的你来说，

要怎么去思考这件事呢？

从生活出发，你可以思考一些常见的现象，比如，飞机为什么可以飞行？

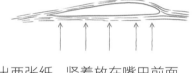

答 我们不妨先来做一个实验：拿出两张纸，竖着放在嘴巴前面，往两张纸中间用力吹气，注意观察，两张纸不仅没有被吹到两边，反而相互靠近了。这就是飞机飞行的原理，我们称之为伯努利原理，其所阐述的内容是，在水流或气流里，如果水流或气流的流动速度小，压强就大；如果流动速度大，压强就小。

当我们在两张纸中间吹气时，中间的气流速度就大，压强就小，而纸张外面的空气没有流动，压强就大。所以，并不是我们把两张纸吹到了一起，而是外面的空气把两张纸压在了一起。

飞机的飞行也利用了伯努利原理，这点体现在机翼上。现代飞机的机翼上下是不一样的，这样就会使机翼上方的空气流动速度比下方的快，而我们知道，流速越快，压强越小，所以机翼下方的空气压强要大于上方压强，这样一来，下方的空气就会把飞机"抬"起来。

从逻辑出发，
你可以思考一些系统的难题，
比如，
人类是如何演化来的？

1 最早的生命就是一个简单的细胞，叫作单细胞生物。

2 单细胞生物逐渐演变成各种各样比较复杂的生物。随着海洋环境的复杂化，长出颌骨并开始主动捕食的生物逐渐占据了优势。鱼类是最早长出颌骨的生物。

3 海洋中各种生物弱肉强食，竞争非常激烈，这时候长出四肢爬上陆地不失为一个妙招。于是，鱼类爬上陆地，逐渐进化成了两栖动物。

4 两栖动物还不能完全适应陆地生活，小时候必须在水中生活，长大后也必须在水中产卵。为了更好地适应陆地缺水的环境，不再依赖水环境的羊膜卵（就是我们常说的蛋）出现了。爬行动物凭借羊膜卵在陆地孵化，脱离了水环境，完全适应了陆地生活。

6 灵长类哺乳动物拥有更高的智商，逐渐从哺乳动物中脱颖而出。

5 哺乳动物可以维持自己的体温，对环境的依赖性更弱。

7 当动物开始直立行走，并且学会制造和使用工具之后，就变成了人类。现在，人类在地球上占据了绝对优势。

不要再犹豫和迷茫了，
只要习惯了动脑，保持理性思考，
你就会发现更大、更广阔的世界！

THINKING
头脑风暴

选一选

01 古人说的"天狗吃月亮"，其实是（　）现象。

　　A. 日食

　　B. 月食

　　C. 流星

六年级 科学

02 （　）打开了微观世界的大门。

　　A. 列文虎克

　　B. 瓦特

　　C. 胡克

五年级 科学

03 苹果会落到地上，揭示了牛顿发现的（　）。

　　A. 牛顿第一定律

　　B. 牛顿第三定律

　　C. 万有引力定律

九年级 历史

04 （　）是种子的传播方式之一。

　　A. 花朵吸引蜜蜂采蜜

　　B. 果实吸引小鸟吃下

　　C. 大风刮起树叶

四年级 科学

05 热量可以从一个物体传递到另一个物体上，也可以与其他能量相互转换，但在转换的过程中，能量的总值不变，这是（　）。

　　A. 能量守恒定律

　　B. 热功当量

　　C. 热力学第二定律

九年级 物理

06 人类科学起源于 ＿＿＿＿＿。

07 亚里士多德认为光是白色的，牛顿用 ＿＿＿＿＿ 使光发生色散，推翻了亚里士多德的理论。

五年级 科学

08 ＿＿＿＿＿ 的船队完成了人类的首次环球航行。

九年级 历史

09 诺贝尔奖中的 ＿＿＿＿＿ 是瑞典国家银行在 1968 年增加的奖项。

10 中国第一位获得诺贝尔奖的本土科学家是 ＿＿＿＿＿。

小学 道德与法治

名词索引

头脑风暴答案

1.B   4.B   7. 三棱镜   10. 屠呦呦
2.A   5.A   8. 麦哲伦
3.C   6. 理性思考   9. 诺贝尔经济学奖

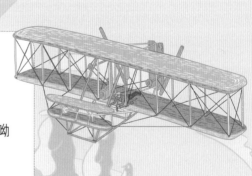

致谢

《课后半小时 中国儿童核心素养培养计划》是一套由北京理工大学出版社童书中心课后半小时编辑组编著，全面对标中国学生发展核心素养要求的系列科普丛书，这套丛书的出版离不开内容创作者的支持，感谢米莱知识宇宙的授权。

本册《科学思维 撬起地球的力量》内容汇编自以下出版作品：

[1]《好奇心时报》，电子工业出版社，2019 年出版。

[2]《进阶的巨人》，电子工业出版社，2019 年出版。

[3]《奇思妙想一万年：科学与发现》，北京理工大学出版社，2020 年出版。

[4]《中国植物，很高兴认识你：春天，很高兴认识你！》，北京理工大学出版社，2021 年出版。

[5]《这就是生物：生命延续的故事》，北京理工大学出版社，2022 年出版。

[6]《物理江湖：光大侠请赐教！》，北京理工大学出版社，2022 年出版。

版权专有　侵权必究

图书在版编目（CIP）数据

课后半小时 : 中国儿童核心素养培养计划 : 共31册/
课后半小时编辑组编著. —— 北京 : 北京理工大学出版社, 2023.5
ISBN 978-7-5763-1906-4

Ⅰ.①课… Ⅱ.①课… Ⅲ.①科学知识—儿童读物
Ⅳ.①Z228.1

中国版本图书馆CIP数据核字(2022)第233813号

出版发行 / 北京理工大学出版社有限责任公司
社　　址 / 北京市海淀区中关村南大街5号
邮　　编 / 100081
电　　话 / （010）82563891（童书出版中心）
网　　址 / http://www.bitpress.com.cn
经　　销 / 全国各地新华书店
印　　刷 / 雅迪云印（天津）科技有限公司
开　　本 / 787毫米 × 1092毫米　1 / 16
印　　张 / 83.5
字　　数 / 2480千字　　　　　　　　　　　　　　　责任编辑 / 王玲玲
版　　次 / 2023年5月第1版　2023年5月第1次印刷　文案编辑 / 王玲玲
审 图 号 / GS（2020）4919号　　　　　　　　　　责任校对 / 刘亚男
定　　价 / 898.00元（全31册）　　　　　　　　　责任印制 / 王美丽

图书出现印装质量问题，请拨打售后服务热线，本社负责调换